Meri Nazmo Ki Kitab

A collection of emotions

Pratima Tiwary

BookLeaf Publishing
India | USA | UK

Made with ❤ on the BookLeaf Publishing Platform
www.bookleafpub.in
www.bookleafpub.com

Dedication

To the quiet storms I've weathered,
the silent triumphs that shaped me,
and the sea of unseen emotions that stirred my soul into verse.
To every moment—raw, radiant, or restless—
that whispered stories only ink could hold.
This book is a tribute to my life's mosaic:
each shard of experience, each pulse of passion,
and the sacred act of writing that turned pain into poetry,
and longing into light.

Preface

This book is not just a collection of poems—it is a quiet unfolding of my soul.

Each verse in these pages has been born from moments that words often fail to capture: the hush of longing, the ache of silence, the joy tucked inside ordinary days, and the questions that never found answers. These poems are my way of listening to life, of holding space for emotions that were too shy to speak aloud.

Writing has never been a choice—it has been a necessity. A sacred act of translating the intangible into something that can be felt, shared, and remembered. Through these nazmein, I have conversed with my past, embraced my present, and imagined futures shaped by hope and healing.

Acknowledgements

This book is not the result of applause or encouragement. It is the quiet culmination of years spent listening to my own heartbeats—sometimes heavy with pain, sometimes light with wonder—and translating them into words that refused to stay silent.

I acknowledge the solitude that shaped me, the life experiences that etched themselves into my soul, and the emotions that arrived unannounced, demanding to be written. Writing was never a hobby—it was a compulsion, a lifeline, a way to breathe when the world felt too loud or too quiet.

To my past, with all its shadows and lessons—thank you for giving me stories worth telling.

To my children, whose unique world has taught me the language of patience, depth, and unconditional love—you are the rhythm behind many of these verses.

To the pain that birthed poetry, and the hope that kept me writing—I owe you this book.

This is my life's ambition: to see my thoughts take shape, to give my silence a voice, and to honor the journey that brought me here.

– Pratima

1. "वो एक अकेला सा बच्चा"

वो एक अकेला सा बच्चा
है भीड़ में भी तनहा तन्हा

है प्यार उसे एक खिड़की से
जिसपर बैठा वो रहता है
और अपनी सूनी आँखों से
वो आसमान को ताकता है

कुछ लोग सड़क पर चलते है
कुछ गाड़ियां आती जाती है
ये उसकी अपनी दुनिया है
जो उसको बहुत ही भाती है

छोटी छोटी खुशियां उसकी
छोटी छोटी उसकी ख्वाइश
पूरी हम करे भी तो क्या
उसकी नहीं कोई फरमाइश

इस दुनिया में कितनी बातें
बातो की कितनी बरसाते
पर एक लफ़्ज़ भी उसके मुहँ से
जाने हम क्यों नहीं सुन पाते

ऐसा वक़्त कभी कोई आएगा क्या
पुकारेगा वो कभी मुझको माँ
बस इक बार वो बाहों में सिमट जाए
कहे "माँ", और मेरी दुनिया मुस्कुराए

2. "अधूरी नज़्म"

जब सारी दुनिया सोती है
हम दर्द में जागे रहते है
ये दिल की लगी कुछ ऐसी है
न जलती है न बुझती है

सारे रिश्ते आँख का पानी
सारे नाते दिल का दर्द
दूर है मंज़िल , थकते पांव
यहाँ छाओं न वहां ठाओं

मुझको साहिल पास बुला ले
भंवर में नैया ,दूर किनारे
मंज़िल तक पहुंचू मैं कैसे
हाथ कटे है पांव में छाले

थमती रूकती साँसे मेरी
रूकती थमती आहे
मौन हवा है ,चुप है पंछी
लिखूं और क्या आगे

दिल दरिया है दर्द समंदर
लहरों की कुछ गुनगुन
मैं जो डूबी , सब जग डूबा
और लिखूं मैं क्योंकर

तोड़ सलाखें , छोड़ के बंधन
मैं ख्वाबो संग उड़ी
सोचा मैंने लिखूं बहुत कुछ
फिर भी नज़्म अधूरी

3. " ज़िंदगी के दरमियान"

कहने को तो देखो मैं इक इंसां हूँ
चाँद सांस जो आती जाती रहती है
उनको देखो तो सोचो की मैं ज़िंदा हूँ

बंद आँखों में जाने कितने सपने है बिखरे
यादों का काफिला भी संग संग चलता है
तन्हाई ये कैसी है जो दिल पर छाई है
कुछ बोलो भी तो जग में रूस्वाई है

कुछ मौत सी हो गई है इन धड़कन की
और सच पूछो तो जीने पर शर्मिंदा हूँ

कुछ याद पुरानी , दोस्त पुराने छूटे है
इक प्यार पुराना आंसू बन कर बह निकला है
इक ज़ख्म पुराना फिर दर्द नया दे गया है क्यूं

ये कौन हवा फिर से बह निकली है यारो
जिससे टकराकर दिल के शीशे टूटे है
जिसको पढ़कर इक पल में भूल गए है सब
मैं वैसी बेपरवाह सी इक किस्सा हूँ

मेरो और तेरी राहो का अंतर है कैसा
ये न मिट पाने वाले फासले है शायद
कितना भी तय करूँ नहीं मिटते ये

चलते चलते ये वक़्त सिमट सा जाता है
पर वो डगर कभी नहीं मिलती जो तेरा घर हो
जिसमे तुम दिखते हो पल पल
मैं ही वो दर्पण हूँ मैं ही वो शीशा हूँ

4. "दहलीज़ पर ठहरी यादें"

समय की दहलीज़ से लौटा हुआ ये कारवां
कहता है मुझको "लौट आओ , तुम हो कहाँ?"
इन अँधेरी स्याह सी कुछ रातो में
लौ मशालों की जगमगाते हुए आ जाओ ना

हम है के ग़ुरबत दिल की समेटे हुए
चलते चले, पहुंचे उन राहो में समेटे अपना आशियाँ

दरखते चाँद की चाँदनी में नहाने लगी
गुलमोहर , अमलतास के पत्तो पर चमकते ओस से
मेरे सुलगते रूह और दिल को यहाँ
ठंडक चांदनी की , ओस की दे जाओ ना

लूटा बैठा है गोल चक्कर का वो बूढ़ा बरगद
जो देखा मुझको , तो पत्तों में आ गई इक जां
के फूटी कोपलें फिर से नई देखो वहां
के बरसे शाख से आंसू और छोड़े निशाँ

हमारे दर्द में , यादो में लिपटी वो छतें
मेरी राहो में बाहें पसारे है खड़े

मेरे पल पल में , नस नस में सुलगता है धुंआ
इन्ही राहो में सिमटा था मेरी खुशियों का जहाँ
वो राहें आज भी तकती है मेरा रास्ता
मेरी खुशियों से उनका भी तो था कुछ वास्ता

5. "चाँद हेमंत का"

दूर कैलाश से चाँद हेमंत का
मेरे मन को हमेशा बुलाता रहा
मैं के रणबीर था , लू से लड़ता रहा
बर्छियों के तले छपकियाँ नींद की मुझको रास आ गई
हाँ मगर , दूर कैलाश से चाँद हेमंत का
मेरे मन को हमेशा बुलाता रहा

रण पे सूरज के नख जब चमकने लगे
हमने चेहरा न उनसे छुपाया कभी
रेत ताम्बा बनी , अपने तलवे जले
वृक्ष की छाँव में मैं न बैठा कभी
हाँ मगर दूर कैलाश से चाँद हेमंत का
मेरे मन को हमेशा बुलाता रहा

ऐसे रोकर कर कभी कोई मुस्काये तो
जैसे जीते है हम कोई जी पाए तो
दुःख के तानो को हंसकर जो सह जाता है
सुख की छाँव कसम से वही पाता है
दोनों आते है दम भर ठहर जाते है
जाते जाते हमें कुछ ये समझाते है

आने जाने का इनके समझ पाओ तो
थक के बैठो कभी न, तुम उठ जाओ तो
सच ही कहते है हम के दूर कैलाश से चाँद हेमंत का
मेरे मन को हमेशा बुलाता रहा

6. "एक चिट्ठी तेरे नाम की"

फिर खिले होंगे गुलाब उन क्यारियों में
फिर आया होगा मौसम बहार का तेरे आंगन
झूले की वो पींग
एक मेरे नाम की
एक तेरे नाम की
हवा छू कर हिलाती तो होगी
वो शाख आम की
सखि तू भी तो छिपाती होगी
मुस्कुरा कर नमी आँख की

गुफ्तगू ,मेरे दिल से तेरे दिल तक ।

वो बदरपुर वाले रस्ते
और गुलमोहर के पत्तो पर पड़ते पांव
मेरे घर से तेरे घर तक
कहीं बरगद , कहीं जामुन और कहीं अमलतास की छांव
तेरे पापा की झिड़कियां, और मेरी मां की डांट
सखी तुझे भी तो याद आती होगी ,वो मुलाकात

गुफ्तगु मेरे दिल से तेरे दिल तक

7. "तिश्नगी"

सुना है गर जुदा हो तो कहानी खूब बनती है
मेरी बातो में तू ही तू
तेरे किस्सों में मैं ही मैं
तो ऐसे यादो के दरिया की रवानी खूब बहती है

तू मिलके भी नहीं मिलता ,
फ़लक के चाँद तारो सा
हमें भी दूर रहना है
नदिया के किनारो सा
कुछ ऐसे तिश्नगी की निशानी खूब बनती है
सुना है गर जुदा हो तो कहानी खूब बनती है

8. "अधूरी ऋतु "

इस सूखे तपते बंजर से दिल पर
तुम बारिश की बूंदे बनकर तो आते हो

पर इतना कम होता है , तुम्हरे अंतर में जल
के दिल का कुछ न कुछ कोना प्यासा रह जाता है

इतनी थोड़ी देर बरसते हो जालिम
के मन की मिटटी भी गीली हो नहीं पाती है

हर बार यूँ ही चल देते हो मुड़कर
के दिल शुष्क आँखे आद्र रह जाती है

कब आओगे कुछ देर ठहरने को बोलो
कब बरसोगे तुम जी भरकर इस मरुभूमि पर

इक रात जो रुक जाते तो क्या हो जाता
कुछ देर बरस जाते तो क्या हो जाता

वो कौन हवा तुमको ले जाती है बोलो
जाने किस अनजाने देश बरसने को

तुम्हारे ठहरने के आस में हम दिन रात जागते है
इस रेत में भी हम तेरे बादल तलाशते है

9. "चंद नज़्में"

1.कुछ अच्छी तो कुछ बुरी
होती है इंसानी फितरत
अब तुमको क्या मिले
ये है तुम्हारी किस्मत

2.ज़िन्दगी बीत गई अब इसी बसर में
कभी हम भी तो चले तम्मनाओ के शहर में

3.इस रस्ते जाऊं तो रुस्वाई है
उस रस्ते जाऊं तो तन्हाई है
उलझन कुछ ऐसी है ए मेरे मन
इस दिल की नहीं कही सुनवाई है

4.मोहब्बत के मंजिलो पर ,
रुस्वाइयों के ये नग्मे
कहीं हमसाये मेरे होते है
कहीं हम ज़िन्दगी के बस में
ये रात ढलती नहीं तो ना सही
सुबह होती नहीं तो ना सही

ये चाँद की रौशनी भी क्या कम है
सितारों का जहाँ बसा दिल में

10. "जन-जागरण"

जो सड़क बनी वो टूट गई
जो पुल बना वो ढह गया
हमने तुमको पैसा था दिया
पानी की तरह वो बह गया

जो कुर्सी हमने पकड़ाई
उसपर तुम डट कर जा बैठे
जा चिपके तुम उस पदवी से
खुश हुए , इतराये ऐंठे

तुम कितना चारा खाते हो
कितने घोटाले लाते हो
हम एक से उबर नहीं पाते
तुम दस और लाद कर जाते हो

हमने तुमपर देखो कितना विश्वास किया
तुमने लूटा अपने ही देश के लोगो को
जो पैसा हम सब की मेहनत का था फल
दे बैठे तुम उन सबको स्विस के बैंको को

क्या लाज नहीं आती तुमको कुर्सीवालो
क्या शर्म बेच कर खाई है तुमने अपनी
कैसे ढोओगे इस काले धन को , मन को
कैसे पोछोगे कालिमा अपने जीवन की

ए दुनिया देखो अब बारी है जनता की
लो हाथ बढ़ाये बात करे हम समता की
धन नहीं लूटने देंगे अब देखो अपना
कर्त्वय करे और हक़ मांगे
पूरा करे जीवन का सपना

लो आज जली है लौ अपने मन में भी
इसमें तपकर दिल का सोना कुछ निखरेगा
ये तय है कि इक नई सुबह फिर आएगी
हरसूँ खुशहाली का आलम बिखरेगा

11. "याद या विस्मृति"

दूर रहकर उन्हें अब हम आजमाएंगे
याद रखेंगे हमको या भूल जाएंगे

दिल का मंदिर जो टूटा तो आंसू बहे
अश्क आँखों से निकले और सागर बने
यूँ ही रोते रहेंगे तो डूब जाएंगे
याद रखेंगे हमको या भूल जाएंगे

संग उनके जो हम दो कदम चल पड़े
सबने समझा न जाने क्या ज़ुल्म है किये
कैसे लोगो को अब हम ये समझायेंगे
याद रखेंगे हमको या भूल जाएंगे

वो जो डूबी थी कश्ती उसको साहिल मिले
वो जो भटका था रही उसको मंज़िल मिले
कैसे भूलो को रस्ता हम दिखलायेंगे
याद रखेंएग हमको या भूल जाएंगे

ज़ख्म उनके दिए हम तो सीते रहे
एक पल में जीए , एक पल में मरे

यूँ ही जीते रहे तो हम मर जाएंगे
याद रखेंगे हमको या भूल जाएंगे

कितना चलते है हम इक सहारा नहीं
ठहर जाने का कोई इशारा नहीं
वो जो मिलो तक फैला समंदर यहाँ
उस समंदर का कोई किनारा नहीं
कैसा गहरा अँधेरा कुछ दीखता नहीं
कैसा टूटा है दिल के संभालता नहीं

धागे रिश्तो के कैसे हम सुलझाएंगे
इन उलझनों से कैसे निकल पाएंगे
एक तिनके का भी तो सहारा नहीं
क्या हम डूबेंगे या पार लग जाएंगे

12. अंतः की जात

मैं हूँ क्या मुझसे मेरी बिसात न पूछो
पनघट पर हूँ प्यासा , मेरी तुम ज़ात न पूछो

इस देश में धर्म के नाम पर लड़ते हैं क्यूँ लोग
सबका खुदा हैं एक , फिर मरते हैं क्यूँ लोग
मुझे माफ़ करो मुझसे ऐसे सवालात न पूछो
पनघट पर हूँ प्यासा मेरी तुम ज़ात न पूछो

न माँ, न बाप , ना तो हमसफ़र ना हमनवां
इस वक़्त इस ज़हान में कोई नहीं हैं अपना
फिर किसके लिए हैं मेरे जज़्बात ना पूछो
पनघट पर हूँ प्यासा मेरी तुम ज़ात ना पूछो

खाली हाथ ही आया हैं और खाली हाथ ही जाएगा
पैसे का सरमाया वो अपने साथ ना ले जा पायेगा
पैसो के खातिर फिर वो भला क्यों खून बहता अपनों का
ये लोग हैं कुछ ऐसे की इनकी बात ना पूछो
पनघट पर हूँ प्यासा मेरी तुम ज़ात ना पूछो

जिन दर्द के सहराओ में दिन रात हम हैं चलते

रुकते नहीं जो आंसू ,दिन रात जो हैं बहते
उन आंसुओ से उनके ख़यालात ना पूछो
पनघट पर हूँ प्यासा मेरी तुम ज़ात ना पूछो

चारो तरफ़ हैं मौत का पहरा ,हर दिल सहमा सहमा
किस खंजर से कौन हैं मरता ,कोई नहीं कह सकता
कैसी हैं ये डर की काली रात ना पूछो
इनसे इनके दिल की तुम हालत ना पूछो
पनघट पर हूँ प्यासा मेरी तुम ज़ात ना पूछो

पर एक किरण इस तम में भी
और एक लहर जीवन में भी
हैं एक प्राण कण कण में भी
जीवन का उत्साह समर में भी

अमृत भी बन जाता हैं गरल
गर पिया उसे किसी शिव ने हो
दुःख सुख दोनों झेला ना हो
ऐसा तो कोई जीव नहीं
फिर साँझ ढले और सुबह ना हो
ऐसी भी कोई रीत नहीं

तो जो बात हमें कुछ हिम्मत दे
और लोग हमें जो ताक़त दे
उन बातो की ही बात करो
उन लोगो के ही साथ चलो

व्यर्थ और सब बातें हैं ,
उनके बारे में मत सोचो

13. "जो था, उसी का था"

ये ज़िन्दगी उधार की और खुशियां भी उधार की
ये पल भी है उधार का और रिश्ता भी उधार का

ये चाहतें उधार की और राहते उधार की
ये शिकवा भी उधार का, शिकायतें उधार की

जिसका है उसे सौंप दे, तो पाए ये दिल चैन भी
तो ही कटे ये ज़िन्दगी , तो ही कटे दिन रैन भी

कुछ कम तो है ,कुछ गम तो है
पर वक़्त ये मरहम तो है

लाइ यहाँ जो ज़िन्दगी
जाए कहाँ फिर ज़िन्दगी

तुमसे जो हमने जोड़ दी
अपने ये गम, अपनी ख़ुशी

14. "स्मृति की सीली दीवारें"

जी में आता है के आज मर जाए
कोई बता दे के हम किधर जाएं
रफ्ता रफ्ता सी छूटती जिन्दरी
कतरा कतरा सी आज बह जाए

तुझसे बिछड़े हुए बरस बीते
इतनी फुर्सत न मिली के ज़ख़्म सीते
तेरा चेहरा भी अब तो याद नहीं
कैसे पहचानूँ जो गर नज़र आये

इक परछाई सी सिमटी रही ज़हन में
इक सूनापन सा रहा मन में
गली के मोड़ से आती आवारा आहट
अब भी यादो में चुपके उतर आये

15. "आत्मकथा"

माँ मैं क्यों बड़ी हो गई
तेरी आँचल में माँ सुख था बहुत
वो छूटा जो माँ तो दुःख था बहुत

मैं जो बढ़ने लगी तो तू डर सी गई
मेरी हस्ती से माँ तू सहम सी गई

मुझको मालुम है तू सब जानती थी
तेरी अनुभवी आँखे सब पहचानती थी

मैं थी भोली बहुत और माँ नादाँ बहुत
माँ मैं क्यों बड़ी हो गई

मुड़ के देखूं तो सोचूं कितने थोड़े से दिन
बालपन भी ना बीता के दूर हो गई

वो भी घर था मगर माँ वो अपना ना था
छूटी सखियाँ सहेली वो घर आंगना

ऐसा टुटा माँ दिल के फिर संभला नहीं

मिली दुनिया मगर ये दिल बहला नहीं
माँ मैं क्यों बड़ी हो गई

तुझसे बिछड़कर माँ पलभर भी सोइ नहीं
ऐसी सहमी की मेरी हस्ती खो गई

यादों का ऐसा दिल पर बवंडर मचा
तेरी ही बेटी थी माँ पर मैं रोइ नहीं
माँ मैं क्यों बड़ी हो गई

हर कदम पर ना पूछो कितनी बेड़ियाँ सी पड़ी
तेरी यादों ने हिम्मत का दिआ आसरा

तू थी नहीं पर तेरा चेहरा दिल में लिए
माँ मैं चलती रही और यहाँ आ गई

तू जो आये तो थोड़ा रो लूँ मैं
तेरी गोद जो मिले थोड़ा सो लूँ मैं

तेरा चेहरा भी अब नज़र आता नहीं
आ जाओ ना की जिया जाता नहीं
माँ मैं क्यों बड़ी हो गई

मेरा आज और कल बहुत उलझ सा गया
दिल के टुकड़े हुए और दिल बंट सा गया

जो दिल चाहे वो अब कर सकती नहीं

क्यों ना समझ पाई तब तू बात दिल की
माँ मैं सच में क्यों बड़ी हो गई

16. "वो बाकी ख़्वाब"

वो जो बीते वक़्त के पन्ने थे
वो भी क्या कभी सुनहरे थे
क्या धुप में कभी वो लाली थी
वर्तिका बीच उजियाली थी

पल पल छण छण क़तरा क़तरा
हर सांस में जो बहता रहता
क्या था , क्यूँ था , सोचे कोई
पानी था या फिर लहू जिगर का

हर रोज़ कलम से पन्नो पर
कुछ लिखते है कुछ मिटाते है
कुछ बाते ऐसी होती है
जिन्हे शब्द बयां कर नहीं पाते है

हम भी तो कभी खुश होते थे
हम भी तो कभी कभी हँसते थे
छोटी छोटी खुशियां हरदम
दिल का दामन भर देते थे

वो हंसी जाने अब कहाँ गई
वो ख़ुशी भी हमसे रूठ गई
एक आस थी ,दिल में हसरत थी
वो आस भी हमसे छूट गई

दिल तनहा है, हम रुस्वा है
इक मायूसी का नगमा है
ये भी तो हमको नहीं पता
इस दिल को जाने गम क्या है

इक आस तो फिर भी बाकी है
हल्का सा विस्वास भी बाकी है
टूटे दिल के हर टुकड़े में
इक अहसास अभी भी बाकी है

वो सुबह सुनहरी आएगी
चाँद सांस जिगर में बाकी है
वो ख़ुशी जो जाने किधर गई
उसकी तलाश अभी भी बाकी है

और बाकी है हसरत दिल
और बाकी है ग़ुरबत दिल की
चाँद सांस सुकूँ से गुजारेंगे
के बाकी है फुर्सत दिल की

17. "मैं क्या हूँ"

मैं प्रेम , वेदना , विरह हूँ
मैं पल पल जलता संताप हूँ
तुम अंतरिक्ष का एक छोर हो
मैं धरा पर उतरती ताप हूँ

तुम से ज़िन्दगी गतिमान है
तुम गोधूलि का रंग रूप हो
तुम छितिज पर फैली लाली हो
तुम ही समाधी तुम ही उत्कर्ष हो

मैं बात , बातो में डूबा वक़्त हूँ
मैं पलकों पर उतरा ख्वाब हूँ
तुम ख्वाब की ताबीर हो
तुम ज़िन्दगी की तस्वीर हो

हम नदी के दो पाट हैं
जो ख़तम न हो वो बाट हैं
जो कभी न भूली जायेगी
ऐसे गहरे जज़्बात है

18. "क्रांतिवीर"

आज तक देखा नहीं था जो समां
देखकर आँखे उसे अब दंग है
मुख पे जिसके ओज है तपस्विओं सा
आदमी वो बड़ा ही दबंग है

फिर से जल उठी है शमां क्रान्ति की
गर नहीं सुनते वो बाते प्यार से
क्या जरुरत है हमें भी शान्ति की
आ गया है फिर वो साधक देश का
लो चल पड़ा अब देश उसके संग है

जब जब चली है ज़ुल्म की ये आंधियां
जब जब फूंका है लोगो का घर आशियाँ
इतिहास गवाह है सुनो ऐ दोस्तों
तब तब आया है कोई मसीहा नया
जिसने सिखाया जीने का हमको ढंग है

झुक जायेगे , डर जाएंगे वो देखना
आवाज़ उठेगी जो चारो ओर से
लाठी नहीं, भाला नहीं, ना ही कृपाण

अपना तो हथियार ही हुंकार है
जो करोड़ो ने भरी एक साथ तो
ढह जायेगी वो सत्ता जो ताश का ढेर है

जिन निगाहो को आदत थी सहने की
उन निगाहो को उठा तुमने दिया
जो हवाएं बड़ी कमज़ोर थी
उन हवाओ को बना दिया तूफां

जिन ज़बानो पर था मौन का ताला लगा
उनको तुमने हौसलों का दम दिया
रौशनी दिखती है इस तम में भी
जो मशालों को जला तुमने दिया

आज जो तुम रच रहे इतिहास हो
हम भी उस इतिहास का इक अंग हो
दो कदम चल सके तुम्हारे संग संग
है यही अब आरज़ू हर एक की

19. "अश्को से दोस्ती"

हम रात की कश्ती में बैठे
सुबह को ढूँढा करते हैं

सुबह तो मिली नहीं हमको
रस्ते में हमें कुछ अश्क मिले
उनमे से एक ने पूछ लिया
"इस वक़्त कहाँ तुम जाते हो ?
जो हासिल हो ही नहीं सकता ,
उसको पुकार थक जाते हो "

अश्को से हमने इतना कहा
"जिस सुबह को हम है ढूँढा किये
वो सुबह हमें कहीं मिलती नहीं
हर वक़्त ख़ुशी की राहो में
हम तुमसे ही टकराते है
हंसी होती है मेहमाँ की तरह
आती है चली पर जाती है
तुम दोस्त हमें कुछ लगते हो
जो अनजानी इन राहो पर
चलते चलते मिल जाते हो "

सुबह से अब अपना रिश्ता
कुछ ख़ास नहीं हमको जमता
गम को हमने घर कर ही लिया
अश्को को दोस्त बना कर के

जिससे दुनिया घबराती है
वो काली रात ही अच्छी है
हर वक़्त सायो से बिछड़ने का
कम से कम डर तो नहीं रहता

आंसू, गम , अंधियारी रातो का
बोझ नहीं दिल पर रहता

20. "बचपन वाली होली"

कुछ रंग अगर मिल जाये तो
कुछ दोस्त पुराने आये तो
होली खेले फिर से जम के
आ जाए रंग फिर जीवन में

सखी तेरे घर की वो कटहल
घर की बगिया, मां का आँचल
गुड्डी के चेहरे पर गुलाल
चल फिर से आज लगाए तो

तन लाल, गुलाबी, नीला है
हाथो का रंग भी पीला है
वो बंगला, पानी, टैंक भी है
चल फिर से रंग छुड़ाए तो

शामें महकी, कपडे उजले
ढोलक पर ढोली की थापे
गुझिया, अबीर, मन में उमंग
चल सब के घर हो आये तो

21. "गूंजती खामोशी"

मैं, मेरी दुनिया, मेरे ख्वाब
वैसे तो बहुत सारे है
तो मैं ,अक्सर उनमे से कुछ के पूरे हो जाने
और कुछ के टूट जाने के बीच
झूलती रहती
डूबती , उतरती, समेटती , सहेजती
कश्मकश और जद्दोज़ेहद के बीच
मन के कोने से इक आवाज़ आती
"के आखिर तेरी रज़ा क्या है ऐ मन
तू चाहता क्या है ?"
और जो तू ही नहीं जानता
तो मैं कैसे समझूंगी
कैसे पाउंगी उन खुशियों को
जो मुट्ठी में बंद रेत की जानिब
फिसलती जाती है
कभी दिखती है तो कभी
नज़रो से ओझल हो जाती है

मैं कुछ होने और न होने के बीच
अपने चारो ओर एक खामोशी का दायरा बनाकर उसमे बैठी

अपनी ज़िन्दगी को अपने आँखों के सामने
गुज़रते , बिखरते देखती और सोचती
के और कितने पल बचे है जीने को
और कितनी यादें बची है सहेजने को
अनगिनत राते , विविध भारती पर बजते
छाया गीत के पूल बनाकर
अपने बचपन तक पहुंचने की कोशिश में बिताती
आँखे बंद होते ही , सामने फैले अंधेरो में
सबकुछ कितना साफ़ दिखता
वो बरगद का पेड़, वो आँगन और वो रास्ते
पीछे कल कल बहती नदी और
नदी में फैले असंख्य पत्थर और रेत के टीले
बचपन यही तो था
जो नहीं रहा

और फिर नज़र जाती अपने उस बेटे पर
जो कुछ बोल नहीं सकता
दुनिया को अपने शब्दों में तोल नहीं सकता
पर उसकी हंसी हर वक़्त घर में गूंजती है
और उसकी खामोशी दिलो के तार जोड़ती है
तो यु ही आंखे खुलती जैसे किसी ने जगा दिया हो
या ज़िंन्दगी ने हौले से कानो में बता दिया हो
के जब ज़िम्मेदारियाँ ,आँचल का सिरा खींचती हो
तो तमन्नाओ को सर उठाने की इज़ाज़त नहीं

www.ingramcontent.com/pod-product-compliance
Lightning Source LLC
LaVergne TN
LVHW022030200926
848481LV00007B/2628
9798898657253